AF450270

Por
ínsulas
extrañas

***

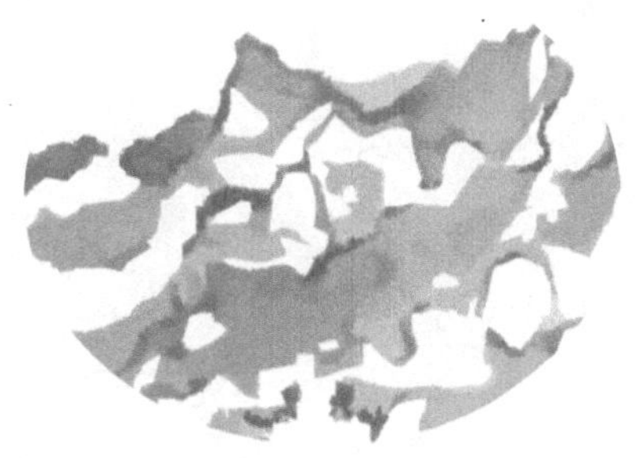

***

POR ÍNSULAS EXTRAÑAS

40 Aniversario (1982-2022) Andrés Morales

OXEDA

Primera edición
Basada en la primera aparición de la obra publicada en octubre de 1982 por Editorial Universitaria, Universidad de Chile, Chile.

© *Por ínsulas extrañas (40 aniversario)*
Andrés Morales

EDITORIAL OXEDA S.A.S. DE C.V.
Vicente Guerrero No 21, Poxtla,
Ayapango, Estado de México, MX
Teléfono: +52 5540586552
oxedacontacto@gmail.com
www.oxeda.com.mx

ISBN-13: 978-607-99638-2-8

Hecho en México
Bajo el modelo de Impresión bajo demanda (POD)

© Editor literario: Antonio Ojeda

Prólogo: Miguel Arteche

Portada: basada en la portada original por Sergio Fontana.

***

1. Poesía chilena 2. Poesía latinoamericana

***

Vamos a iluminar esta palabra: ínsula. ¿Obvio? Se trata de una isla, como diría, Pero Grullo, una porción de tierra rodeada de agua por todas partes. Pero no es tan obvio: hay ínsulas que no son de tierra y no están rodeadas por agua. No se trata de la que gobernó Sancho, hasta que los duques y otros grupos de presión decidieron cabrearlo. Para un poeta todas las ínsulas son extrañas (¿hay algo más extraño que las palabras, su radiación, y lo que hacen con ellas los hombres?). Para el poeta cazador todo territorio de palabras es extraño y aventurado; pero más insólitos y siniestros son los territorios conocidos. Más.

En primer lugar: la voluntad de forma. Andrés Morales sabe muy bien lo que es un verso. Muchos poetas "consagrados" (no se sabe si con óleo o con aguarrás) creen que los versos se pueden cortar como quien corta flecos al divino.tuntún (¡ay de los poemas con flecos!). En segundo lugar: su voluntad de espacio; cosa curiosa (permítaseme la rima simple): sus versos no suelen sobrepasar las once sílabas. En tercer lugar: emplea la rima cuando la necesita (la asonante), subrepticiamente, de puntillas, y no para rellenar. En cuarto lugar: sabe componer el poema, lo cual equivale a que, una vez terminado, no se derrumbe o se desinfle. (Hay poemas que revientan y otros pierden gas con el tiempo). Y, en quinto lugar, algo muy raro en un poeta joven: la casi abrumadora ausencia del yo. ¡Ay el yo tonto y onfálico, no el yo majestuoso de los verdaderos poetas, que no se nota y se ama a sí mismo para poder amar a los demás!

Ausencia, la del yo, que puede señalar al lector, por vía indirecta, la circunstancia y el hombre que está dentro de su circunstancia. Como una cámara cinematográfica que dice: allí está eso; no me pronuncio. Morales enfría el poema precisamente para que su aparente indiferencia diga más de los que un yo "metido e intruso" pudiera decir. Y esto encierra algunas trampas: una de ellas, a veces, es el deseo de *moralezar*, por ejemplo, "En el hombre cruel" o en "De la muerte". Pero cuando se zafa de esas algas, aparece el poeta real que es. Así en esos objetos vistos a través de la siesta. En el silencio de la sala de conciertos. En la precisión de un mar que es como una amenaza de hielo y ojo. En el desierto de los cuartos de las ciudades, donde las calles (horror de infierno) no terminan. En la fuerza frenada de "La herida" (un poema perfecto de factura y oculto de emoción). En ese otro mar de "puerta cerrada". En los museos de cera: aquí, Morales, al sostener lo espectral de los "encerados", nos da una lección de contraste entre la sima y la cima del hombre. En los poemas III y IV de "Invitación al infierno": "La sal nos cierra ventanas", "Las escaleras se acortan" ... En la brevedad del espacio interminable de su "Estrella". En "Absolutamente nada" (!), "Después" (!) y "La madrugada": puertas de otras ínsulas que ha de explorar si yo no me equivoco, o si él acierta. Modestia aparte. Por allí, Morales.

A un mes (más) de sus veinte años; con su cara de (menos) quince; bien provisto de tenacidades españolas y croatas, Morales se ha plantado con pulso firme a gobernar éstas sus primeras ínsulas. Que nadie le arrebatará. Y no es poco decir en estos tiempos.

MIGUEL ARTECHE
Santiago de Chile, septiembre de 1982.-

Por ínsulas extrañas

Por ínsulas extrañas
una paloma descansa
sus huesos derramados.

Del hierro muerto nace
la piel desencajada;
del hierro, dientes huecos
acechan en la puerta.

Por siglos negra y seca
la sangre nos espera,
la reja demolida,
la casa negra y seca.

Del agua resbalando
la muerte nos señala,
nos hiere, nos enciende.

Por mármoles, ciudades,
el ojo no se cierra:
miramos los espejos.

Del sueño caminamos
al sueño bostezando
y en trenes y estaciones
perdemos la nostalgia.

Por huesos la paloma
levanta las tormentas,
por brazos las extiende:

Del círculo de fuego
llegamos al desierto,
vendimos las antorchas,
clavamos las campanas.

Por últimos caminos
se doblan los planetas:

Por ínsulas extrañas
descansan las palomas
mordiendo sus heridas.

Las águilas del odio.

EL HOMBRE CRUEL

En sus uñas las señales,
las invasiones de los perros,
el crepúsculo glacial,
la cara oculta y nueva
de la muerte.

Le duelen los dedos,
los ojos se le caen
y un par de sus dientes
le muerden el sueño.

La tarde:
descubrió los parques,
unas calles,
la distancia.

La tarde:
terminó las hojas,
los besos,
las visiones.

Quizá amanece
en un desierto:
lo importante es olvidar:

Los huesos se tocan en las noches,
la cama cruje al levantarse.

La siesta

Brevemente
inmóviles,
las bicicletas se rompen
y la vecina cansada
ahoga las hormigas.

Brevemente
rota,
la tarde se olvida de Dios
cuando los niños descubren
sus bocas besando.

Brevemente
(como un telegrama),
la lluvia desencaja las puertas,
eleva las terrazas.

Brevemente
(por última vez en la calle)
los dientes se caen del techo
y la basura dormita.

Las visiones de Tiresias

A mi padre

Yo, Tiresias, anciano de arrugados pezones,
percibí la escena y predije lo demás...

T. S. Eliot

AUTORRETRATO

Yo, que he perdido relojes
durante todo el invierno,
abierto y extendido,
en toda mi razón,
por los desconocidos muros
escribiré legando mis anteojos,
debajo de estas letras,
las visiones de un ciego que respira
destruyendo oleajes.

DEL SILENCIO

Pausa.

La sala espera inquieta.

(El sordo traga saliva,
murmura cantando
y espera).

Pausa.

Alguien agita el programa,
los niños se ríen.

El silencio se esconde en las cuerdas,
la tarde bosteza,
se pierde.

DEL AMOR

Besar espinas,
acariciar un gato muerto.

No existen cadáveres amantes,
sólo huesos caídos,
heridas cansadas.

Desde mi caja de jabón
declaro hacia el parque,
hacia las avenidas y teatros,
hacia las calaveras:

No existen cadáveres amantes
ni besos, ni ojos entornados,
sólo huesos caídos,

no el amor.

Del mar

Una herida de hielo
y un ojo se levantan.

Caen,
se destruyen.

El aire caliente
y las piedras
están construyendo un muro nuevo.

Una herida de hielo
y una grieta.

Caen,
se levantan.

DE LAS CIUDADES

Corren las palomas
en su vuelo
y el tren se detiene
en una puerta.

Las ciudades son espejos,
relámpagos de olvido,
catapultas.

Las calles no terminan.

Las ciudades no son un laberinto,
son la entrada al desierto de los cuartos,
al cadáver de sal,
al arquitecto.

DE LA MUERTE

Queriendo reunir la sangre
sin alterar las amapolas,
queriendo decir de una vez
la única y ciega verdad,
les aseguro,
la muerte es algo lento,
no se espera,
se nace con sus dientes
y va creciendo en cada despedida,
en cada hijo, en cada sombra.

Yo dejo las palabras y las luces,
(¡Enciendan una vela!)
yo les dejo mi muerte,
clávenla en la puerta de la iglesia,
les dejo mis cenizas,
fabriquen una cruz de hierro.

(Una mosca sobrevuela las ciudades).

No ha pasado nada.

(Un caballo muerde trece letras).

Les dejo mi fosa.

Les dejo los desiertos.

LA HERIDA

La herida de las piedras,
el árbol de barro
y el grano.

Una voz,
la herida de todos los mares,
el ancho cerco de cenizas,
el muro que bailaba.

La sangre perdida,
el frío de la sangre.

La herida,
el golpe ondulante,
la mano de mármol
y hojas
y cadenas.

Una voz,
la profundidad del fuego:

El silencio.

EL ESPEJO EN LA ARENA

Retrato de las piedras,
tu desierto caerá
sobre el desierto.

(El polvo enterrará
tus alacranes).

El camino se alarga,
los ojos se cierran:

No existen caracoles de azogue.

El mar es una puerta cerrada.

La miseria cuelga
en los espejos
de los museos de cera.

Mientras el calor se funde
en la fuerza de los vidrios,
detrás de la puerta
el viento camina cantando.

Se comunica el aliento
de los pasillos candentes.

No se encuentran salidas.

Las manos se derriten
cuando la peluca del negro
acaricia el vientre frío
del condenado en la soga.

Afuera un parque se mueve
y se rompen las calles
en los paseos de invierno.

Roma apareció una tarde
en que los ríos caían
en los árboles de tierra.

Así también la cera,
el polvo en las figuras,
las aburridas medallas
y el corazón de hierro.

Las salas se llaman ciudad
de ahogadas murallas en pieles
alertas de fuego y de sal,
cansadas de hielo,
caídas.

Plumas de abrigos resecos,
miradas de azufre polar:
laberinto de espejos quebrados.

En las galerías, mudo camina
el viento de bronce materno,
rendido a los techos,
legando el ojo a las puertas
y el sol de la piedra
a las botellas.

Las graderías de un teatro
se llenan de abejas y fuego,
los caminos claudican en sombra,
los planetas de cera se agitan:

Un día se harán los hombres
a imagen del sol y la muerte.

INVITACIÓN AL INFIERNO

A Rafael Garay

Hijo mío, los que mueren en la cólera de Dios
acuden aquí de todos los países
DANTE

I

Despertemos en el viento
la geometría cerrada,
regresemos al sitio
donde envejecen los hijos.

Es inútil permanecer despiertos
en el borde del cuchillo:

La luna bosteza desde los conventos,
el sol cruel no nos resucita.

II

Nuestro viaje es necesario:

(Cuando sentimos el frío
subiendo a las almohadas
es preferible el infierno).

Los árboles invitan
a caminar las calles,
pero hay campanas resueltas
a colgarnos de sus clavos.

(Cuando oímos los trenes
adivinamos heridas).

Nuestro viaje recorta
el aullido de los perros.

III

A la derecha la sal nos cierra ventanas:

El mar es peor cuando miramos la arena.

A la derecha los bosques quemados cada año:

No desviar la atención,
es preferible a los sueños
abrir los ojos rojos,
sin descuidar el desierto
que crece en nuestro techo.

A la derecha el humo cae en el agua:

Ya descubrimos el sol
y quebramos la madera.

En nuestras direcciones
no importan los sentidos.

IV

Las escaleras se acortan
cuando se baja temblando:
no es verdad que se alarguen
las noches, los besos:

Las escaleras se acortan
cuando se baja al infierno.

No es posible subir
al purgatorio vacío.

Nos espera la casa
con sus puertas cerradas.

V

Otros levantaron el mármol,
contaron los gusanos.

Yo les señalo los dientes del águila caída,
yo les señalo las huellas de los huesos enterrados.

Yo les prometo la niebla de avenidas calientes.

Yo les señalo las cajas repletas de hiel.

Yo les prometo las piedras,
el odio,
las ciudades.

ANECDOTARIO

En un día como hoy,
después de la última vuelta
a la manzana,
Cristóbal,
Alejandra
y yo,
pensamos en los carruseles.

En un día como hoy,
Miguel me encontró
bailando en las esquinas.

Alejandra leía veranos,
Cristóbal daba la mano al revés
y Miguel me contaba entremeses
de una cama en Milán.

En un día como hoy,
el hierro pasó por mi boca
oxidando los abrazos.

En un día como hoy,
de nuevo devuelvo desierto
la soledad a mis dedos.

GÉNESIS, IV, 8

Negando las palabras
y tu boca,
alejando los vasos
y aeroplanos,
¿alejarás el miedo?

Devolviendo las hojas recortadas,
los periódicos, el mar,
¿regresarás a tus antiguos adivinos?

Negando los futuros continentes,
destruyendo las sombras de yeso,
las sombras de sangre,
¿conseguirás demoler a la muerte?

Porque una torre de cenizas
te cubre los extremos,
porque una garra de mármol
te desnuda sonriendo.

¿Te quedará el aire entre los brazos,
en todas las tierras y noches,
podrás hallar tu frente?

En torno a la noche
está cayendo
un sueño de sol,
un ángel muerto.

A Miguel Ángel Miranda

Absolutamente nada:
ahorcados en la soga del desierto,
apuñalados por los dedos.

Las mujeres abren las ventanas
y yo, niño, estoy cerrando
cada puerta de mi casa
nunca abierta.

Oigo trenes de sal por la bahía:
están cambiando el sol por lunas viejas,
están negando noches grises como noches:
sábanas por velas,
alegrías de beber una palabra,
de cortar agujas a los ojos,
de acostarse en un reloj de muerte.

Absolutamente nada:
no salir para entrar y no salir,
no limpiar cada verano las arenas,
no ver el mar,
no viajar por avenidas de silencio,
no legar el bostezo a los vecinos,
no cesar de negar el no constante,

no acabar inútilmente en el principio.

Absolutamente nada:
por sobre todas las cosas
y por bajo todas las noches:

No pensar.

Pero aún creer en la sonrisa
en estos pueblos negros,
con una mujer de carne
y lodo,
o solo,
absolutamente solo:

Absolutamente nada.

Saint Louis Blues

A mi madre

I

Downtown

Unas ventanas cerradas:
la mujer sin dientes,
el cartel desencajado:

"Se vende aburrimiento".

La muchacha del café y sus tazas,
las tazas del ferrocarril,
el tabaco del abuelo,
el canastillo de huesos y tazas,
la ciudad que cayó en la fosa.

Botellas rotas de una vez,
dientes rotos,
botellas, dientes, tazas.

Las calles jamás se cruzan:

Downtown is always cruel.

II

Neighbourhood

Una vecina está bailando jazz:
Saint Louis Blues.

América,
qué lejos del sol,
de las ventanas
y escaleras con niños.

Saint Louis Blues,
piano vertical cerrado en una pipa,
funeral del negro.

Saint Louis Blues,
once blue,
forever in the distance.

III

Questions

¿Hay alguna ventana que ría?

Caballos de dientes gigantes,
caballos de hierro,
grises de frío,
cansados.

Saint Louis Blues,
paraíso de hojas interiores.

¿Quién inventó los edificios,
los treinta, cuarenta, ochenta
pisos, ventanas, ascensores?

Sólo caballos, floreros, iglesias.

Saint Louis Blues:
¿dónde está tu monumento?

IV

Here

Saint Louis Blues:
no hay un solo trombón,
aquí somos de piedra.

Aquí inventamos los pisos de papel,
las hojas de afeitar-cuchillos,
el nuevo idioma inglés,
el calendario del perro.

Aquí
(sólo hablo de mi calle),
inventamos a mirarnos al espejo,
de allí a las ventanas,
de allí a los espejos.

Todas las fiestas son adentro,
todos los días son secretos.

Aquí,
las mujeres no enamoran,
se les cae la cabeza
cuando cumplen quince años.

V

Inside

Nunca me acostumbré a las ventanas.

Me quedaré con tus setenta y ocho revoluciones
esperando alguna verdadera,
me quedaré en la estación controlando trenes,
en los aeropuertos revisando itinerarios.

Me quedaré en la cárcel de ventanas
soñando, Saint Louis Blues,
bicicletas, negros y vecinas
desnudas delante de mi espejo.

Me quedaré con el billete a Saint Louis,
con las luces apagadas,
en la avenida que cruza de la puerta a la cama,
en la fotografía vieja de mi abuela,
al lado del cartel:

"Se vende aburrimiento".

LA CASA EN LA ARENA

Alargar las olas necesarias
quebrar su brazo en la piedra.

El gato está cantando en el tejado
y el gallo sonríe en la veleta.

Alargar también las noches:

Desde mi casa nunca se ve el mar.

Desde mi casa se huele la muerte.

> *Todas las sendas llevan*
> *a la podredumbre oscura.*
>
> GEORGE TRAKL

Después,
lacerados los muros,
vacía la última montaña,
no cortaron el aire,
no limaron el agua.

Abiertos caerán sobre sus manos
los mármoles de sal,
las manos de un Dios
temblando en los océanos e infiernos,
perdido en los espejos y la niebla.

MAGDALENA

A Alejandra Basualto

Desde las calles,
algún brazo cortado
se extiende a las ventanas,
algún ojo de humo.

Entre la cal
y el barro,
seguiré escuchando
al sol y a las hormigas.

Encerrado en la profundidad
de las veredas
y los pasos,
continuaré mordiendo
las uñas de la muerte,
con el frío de todas las almohadas,
con el ritmo de los trenes,
continuaré bailando.

(Hay noches en que no despierto
quebrando mis muñecas,
hay días que no tiemblo,
que no bajo escaleras,
que no me escondo en las iglesias).

Como en las mesas,
derramaré los huesos,
compraré el aire a las botellas,
continuaré bailando en tus sonrisas.

(A mí no me importan los muertos,
los cuentos de la siesta,
a mí no me importa adivinar espejos).

Continuaré bailando
entre la cal de tu barro
y mis ventanas.

Continuaré bailando.

La verdadera muerte

A Dunja Morales Milohnić,
In Memoriam

I

La frente siempre abierta.

Las calaveras tienen las cuencas
y el ritmo del mar en los dientes.

Nuestras ciudades
y casi todas las calles
llevan la alegría en los fantasmas
y la muerte en las murallas.

II

En el vientre,
el fuego del sol
es una red temblando.

No somos más que un punto
y una raya,
no existen los círculos
ni siquiera las cadenas.

Somos el telégrafo del agua,
los sueños de una línea.

Somos siempre el puño abierto
en el inmenso vientre de la muerte.

Abriendo el mar,
desgajando naranjas de hierro,
disparamos
y creemos en las antiguas lunas,
y creemos desterrar la muerte.

¿Alguna vez tuvimos un pan en la mano,
alguna vez cerramos los ojos,
alguna vez oímos caminar a las hormigas?

Papeles de hielo,
libros de barro,
palabras enemigas.

Nos quedamos siempre en la montaña,
con la pesada piedra en las alturas,
con la terrible piedra en las veredas.

IV

La muerte no tiene ventanas,
ni muros,
ni oscuridad de piedra.

La muerte es una inmensa plaza
donde caminan los hombres las tardes,
las noches,
las mañanas.

Escuchar al cielo,
desenterrar infiernos,
inventar los purgatorios.

Necesitamos arenas
y playas,
y cielos.

Necesitamos la muerte.

V

Las máquinas acecharán los pasos,
descubrirán las tierras,
verán morir el mar.

Las máquinas,
hijas,
madres,
barrerán ventanas en las noches.

Las máquinas de azufre,
las máquinas de sal,
las máquinas de cuero
encontrarán caballos de mármol
y pirámides de hierro.

Los cielos producen esferas,
los infiernos cubos,
la tierra cementerios.

Escuchemos a los muertos:

La verdadera máquina es la muerte.

La madrugada

La tierra abre botellas
y enciende algunas velas.

(Esconde un desierto,
se mueve).

Descubro en la arena
al pez del arpón quebrado:

La pesca del sol:

La madrugada.

A Juan Ignacio Siles

En las iglesias, las campanas
dejaron el último eco
clavado en las murallas desiguales,
despertando al confesor y confesado,
recogiendo las monedas y quemando
los cirios y el incienso.

El águila cruzaba hasta la muerte
señalando la tierra prometida.

Los caballos se quedaron
mirando a los jinetes
frente a frente
y los niños jugaban a la guerra
y en el frente los soldados como niños
jugaban y perdían la partida.

El buey observaba en las paredes
desnudando a las novias y cantando.

(Los archivos se cerraron):

El ángel engendraba las cenizas
desgarrando los relojes.

(Los templos se caían bajo el polvo):

El león reía en la montaña.

Las piedras se quedaron recortadas
negando sus sombras y la tierra
mientras caía la noche en los desiertos.

VIÑETAS

I

Las noches se rompen
cuando se abre una ventana.

Las noches no regresan
al umbral de los relojes.

Las noches caen sobre la guitarra:

Entonces amanece en las estrellas.

II

¿Por qué los trenes rompen las ventanas
y la escarcha?

¿No han visto al mar los rieles
y la lluvia a las palabras?

Silencio.

En el pueblo duerme un niño
soñando trenes blancos.

III

Caído estás desde tus llagas:

No pasarán inviernos por las velas:

Hay iglesias que Dios ya no recuerda.

LA PIEDRA

Como tú,
piedra pequeña:
como tú.
LEÓN FELIPE

En todas las ciudades,
la piedra,
en todas las noches,
como un inmenso beso seco,
desgarrando calendarios,
la piedra.

Océano marchito,
en todas las olas,
la piedra.

Rotas las últimas uñas
la piedra está en tus ojos,
terrible mensajera,
mordiendo nuestra sombra.

LAS PUERTAS

Al pintor Waldo Gómez Apablaza

Una puerta
se cierra detrás de las palabras,
de las últimas palabras,
de los signos del sol,
de los bisontes.

Cuando se abre la noche
se están cerrando montañas,
cuando una paloma cae
se están cerrando en sus alas
las puertas de todos los días,
las últimas puertas del amigo,
las palabras.

A Marcela Aranda Klein

Los borrachos se venden
los domingos por la tarde,
mientras venden gusanos,
museos, calendarios.

Una procesión de gatos señala
la muerte de Cristo
y el Viernes Santo dormita
en un abril de heridas.

El Viernes Santo disfraza
el beso espinoso
en un verano plomizo,
en un domingo común.

¿Quién inventa los desiertos,
las camas desiertas,
los platos desiertos?

El Viernes de carne de santo
prepara los huevos del odio,
cuando los niños dormidos
descubren mil conejos.

Los borrachos caminan
detrás del becerro de hierro.

La bailarina promete escenarios
de piernas enteras, de piedra
y la madre borracha dormita
cuando los curas encienden
un velón a los desiertos.

Los borrachos se caen bailando
y el Viernes del odio se cierra,
como la catedral
en la mentira caliente
del pan de los domingos.

ANDRÉS MORALES nació en Santiago de Chile en 1962. Es Licenciado en Literatura por la Universidad de Chile y Doctor en Filosofía y Letras con mención en Filología Hispánica por la Universidad Autónoma de Barcelona (España).

Ha publicado treinta libros de poesía entre los que destacan: *Por ínsulas extrañas* (1982); *Lázaro siempre llora* (1985); *No el azar/Hors du hasard* (traducción al francés, París, 1987); *Visión del oráculo* (1993); *Escenas del derrumbe de Occidente* (1998, 2014, 2020 y 2022, nueva versión revisada); *Réquiem* (2001); *Izabrane Pjesme/ Poesía Reunida* (traducido al croata, Zagreb, 2002); *Poemas/Pjesme* (traducido al croata, 2011); *Escrito* (Santiago, 2013; Madrid, 2014); *Poemas Escogidos/Poezii Alese* (versión al rumano, Bucarest, 2014); *Écrit dans un miroir* (*Escrito*, traducido al francés, París, 2015); *Antología esencial* (Madrid, 2018); *Paese de occhi i sogni/País de ojos y sueños* (traducido al italiano, Roma, 2019); *Oráculo* (2019); *Premonición del vacío/Prémonition du vide* (traducido al francés, París, 2020; traducido al rumano como *Premonítia Neantuluí*, Bucarest, 2020) y *Al sur de los espejos* (Valparaíso, Chile, 2021).

Su obra poética se encuentra parcialmente traducida a quince idiomas y ha sido incluida en más de sesenta antologías chilenas siendo distinguida con diferentes reconocimientos nacionales e internacionales entre los que destacan Premio Nacional de Poesía "Pablo Neruda" 2001, Primer Premio en el XII Concurso Internacional de Poesía "La Porte des Poètes" de París (Francia), 2007, Premio Hispanoamericano "Andrés Bello" 2014 de Madrid, España. Es miembro de la Academia Chilena de la Lengua y del Instituto de Chile y de la Academia Hispanoamericana de Buenas Letras de Madrid, España.

Actualmente reside en Madrid, España; donde desarrolla su escritura poética luego de ejercer la docencia universitaria por 35 años (con sus clases de Taller de Poesía, de Literatura Española Clásica y Contemporánea y de Poesía Chilena en la Universidad de Chile) donde se desempeñó como Catedrático de Poesía Contemporánea española e hispanoamericana.

Contenido

WWW.OXEDA.COM.MX

***

Se cuenta que el rey poeta Nezahualcóyotl dijo:
«*Dejemos al menos flores, dejemos al menos cantos*»
Este libro se terminó de editar en junio de 2022 en Ayapango-Amecameca, México.

www.ingramcontent.com/pod-product-compliance
Lightning Source LLC
LaVergne TN
LVHW091615170726
843492LV00007B/2432